W0371709

Hervé &
Marie Tourres

Nous, les **enfants** de 1945

De la naissance à l'âge adulte

Éditions Wartberg

Mentions légales

Crédits photographiques :

Archives personnelles des auteurs, p. 4-5, 8, 11h, 12-13, 15, 17, 19, 20d, 22, 24, 26, 30-31, 33, 34b, 35-37, 40, 45-47, 50-52, 54b, 57, 59.
D.R., p. 14, 20g, 63.
© Picture-alliance / dpa, p. 25, 43.
© Ullstein bild, p. 23, 32, 44, 58d, 62 ; Ullstein bild – SZ Photo, p. 21 ; Ullstein bild – Oskar Poss, p. 28 ; Ullstein bild – AKG Pressebild, p. 34h ; Ullstein bild – Felix H. Man, p. 42 ; Ullstein bild – Heinz Köster, p. 49 ; Ullstein bild – Bunk, p. 54h ; Ullstein bild – Hegemann(L), p. 58g ; Ullstein bild – Blume, p. 60.
© Roger-Viollet, p. 11b, 18, 27, 29 ; LAPI / Roger-Viollet, p. 6, 48, 56 ; Albert Harlingue / Roger-Viollet, p. 10 ; Jacques Boyer / Roger-Viollet, p. 38 ; Bernard Lipnitzki / Roger-Viollet, p. 55 ; Studio Lipnitzki / Roger-Viollet, p. 61.

Nous remercions tous les ayants droit pour leur aimable autorisation de reproduction.
Dans le cas où l'un d'eux n'aurait pu être joint, une provision de droits est prévue.

8e édition, 2014

Un département de
Wartberg Verlag GmbH & Co. KG.
Im Wiesental 1
34281 Gudensberg-Gleichen
Allemagne

Conception graphique : Ravenstein & partenaires, Verden.
Imprimé en Allemagne sur les presses de Thiele & Schwarz, Kassel.

ISBN : 978-3-8313-2545-0

Préface

Chers enfants de 1945,

Nés en 1945, nous avons été les enfants d'une ère nouvelle. La fin de la guerre marqua le lancement de multiples révolutions psychologiques, politiques, économiques et techniques. Le début des « Trente Glorieuses », soutenu par le souffle de la liberté retrouvée et par l'influence d'une Amérique performante, fut accompagné des prémices de la libération des femmes, de l'union des pays européens, des investissements industriels, des premiers pas de la société de consommation.

Ces années-là, c'était avec l'assurance de leur autorité et de leur bon droit que parents et enseignants éduquaient les enfants, parfois avec une rigidité maladroite. À l'époque, on discutait volontiers avec ses voisins, et l'on envoyait ses enfants chercher le pain en vélo sans craindre les voitures. On éduquait nos papilles avec des plats cuisinés maison, du pain frais et des fruits tombés de l'arbre.

Avec insouciance, on roulait en DS sans ceinture ni airbag. Avec flegme, on attendait le courrier ou les appels téléphoniques. La seule drogue que nous connaissions, la blanche, la pure, la cocaïne, nous n'en entendions parler qu'à travers les films de gangsters. On découvrait la sexualité avec une exaltation joyeuse – sans pilule contraceptive certes, mais au moins ne craignait-on plus la vérole et pas encore le sida.

Beaucoup d'entre nous ont peut-être été hantés par les cicatrices omniprésentes de cette guerre que nous n'avions pas vécue. Évidemment, le progrès n'en finit pas de nous faciliter la vie, de mieux nous protéger et nous soigner. Cette époque ne fut ni bénie, ni idéale, mais elle fut le socle sur lequel nous avons grandi.

Personnellement, j'ai eu la chance d'évoluer dans un milieu plutôt favorisé : d'autres ont infiniment plus souffert et ont certainement eu le cuir plus durement tanné par les événements. Je souhaite néanmoins que quelques-uns des échos du passé rapportés ici puissent résonner aux oreilles de l'ensemble de notre génération.

Hervé Tourres

Marie Tourres

1945-1947

Naître dans un monde en reconstruction

Dans les bras maternels.

Un pays éreinté en guise de berceau

Le monde émergeait d'une guerre terminée depuis peu quand je vis le jour en 1945. Mes parents, réfugiés à la campagne, avaient décidé de revenir dans leur ville d'origine après la Libération. Au Havre, la guerre avait laissé des plaies béantes, des vides immenses. Les Anglais avaient libéré la ville en septembre 1944, mais au prix de nombreuses pertes : sous les tonnes de bombes déversées, des milliers de morts civils, une

Chronologie

4-11 février 1945
Roosevelt et Staline, réunis à la conférence de Yalta en présence de Churchill, tentent de préparer un monde plus stable et de régler le sort de l'Europe. Ils prévoient l'organisation d'élections libres dans les États européens libérés et la division de l'Allemagne en quatre zones d'occupation.

Avril 1945
Benito Mussolini est fusillé. Adolf Hitler se suicide.

29 avril-13 mai 1945
À l'occasion des élections municipales, les femmes votent pour la première fois en France.

8 mai 1945
L'Allemagne capitule.

23 juillet au 15 août 1945
À l'issue de son procès, le maréchal Pétain est condamné à mort. Sa peine sera commuée en détention perpétuelle.

2 septembre 1945
Avec la capitulation du Japon, le dernier conflit de la seconde guerre mondiale touche à sa fin.

Octobre 1945
La sécurité sociale est étendue à tous les salariés.

20 novembre 1945
24 dirigeants nazis sont jugés au procès de Nuremberg.

3 janvier 1946
Jean Monnet présente son plan pour le redressement économique de la France.

8 avril 1946
Deux établissements publics sont créés pour gérer la production et la distribution de gaz et d'électricité : EDF et GDF.

13 octobre 1946
Une nouvelle Constitution est adoptée par référendum : elle institue un régime bicaméral et un président élu pour sept ans par les deux chambres.

16 janvier 1947
Vincent Auriol est élu à la présidence de la IVe République.

Décembre 1947
Suite à une longue vague de grèves l'Assemblée nationale vote une loi « pour la défense de la République », et une loi « pour la protection de la liberté du travail ».

Les Anglais débarquent avec leur matériel...

... et sont fêtés par la population.

ville détruite à 80 %... Les églises, les écoles, le Musée des beaux-arts, les cliniques avaient été rasés. Le chenal d'entrée du port était jonché d'épaves et les écluses démolies.

De fait, la seconde guerre mondiale avait laissé le pays entier dans une situation désastreuse. Des sinistrés erraient en guenilles, cherchant à savoir ce qu'était devenu un parent ou un ami. Au Havre, les Américains remplaçaient les Anglais petit à petit. Ils

Un trolleybus.

installaient leur logistique, soignaient leurs hommes et nos civils dans les hôpitaux, et, autant qu'il leur était possible, tentaient de soulager notre quotidien en déblayant les gravats ou en créant des camps d'hébergement.

Très lentement, on commençait à reconstruire.

En centre-ville, une cité de baraquements en bois abritait des commerçants qui vendaient à prix d'or quelques denrées alimentaires, indispensables à la survie des habitants. Les infrastructures furent progressivement reconstituées. La SNCF rénova ses installations et son matériel. Au bout de quelques années, on put à nouveau emprunter la ligne qui nous emmenait jusqu'à Paris, soit en locomotive à vapeur, soit en Micheline, plus rapide et confortable. Les gardes-barrière remirent leur casquette et reprirent du service aux passages à niveau. En ville, on retrouva les lignes de trolleybus. Dans les virages, il arrivait que la perche du trolley déraille de la ligne électrique : le conducteur en descendait alors muni d'une sorte de canne isolante pour remettre la perche en contact avec la ligne. Et c'était reparti !

L'épuration

Après la Libération, certains laissent libre cours à leur désir de vengeance et à leur soif de justice. Les comptes à régler contre les « collabos » sont nombreux. Avant la mise en place d'une justice officielle, des femmes sont tondues pour « collaboration horizontale », et bien des soupçons d'action en faveur de l'occupant sont sanctionnés par des lynchages et des exécutions sommaires. Dans certaines régions, notamment en zone libre, l'épuration sauvage tourne à l'émeute et sert d'exutoire
Puis, l'épuration judiciaire prend le relais. Des collaborateurs soupçonnés d'avoir diffusé des idées nazies ou soutenu le régime vichyste et des trafiquants du marché noir sont internés dans des camps.
Le gouvernement provisoire met en place une Haute Cour de justice pour examiner le cas des hauts fonctionnaires, tandis que les Cours de justice et les Chambres civiques se chargent du reste de la population civile. 127 000 dossiers sont ainsi instruits. Les journalistes et les écrivains sont jugés sur la foi de leurs écrits. Ainsi, Sacha Guitry est interné puis relâché, Robert Brasillach fusillé, Louis-Ferdinand Céline condamné à une peine de prison par contumace, d'autres sont privés de droits d'auteur ou interdits d'édition. De même, certaines entreprises accusées d'avoir produit pour l'armée allemande sont sanctionnées pour intelligence avec l'ennemi. Les usines Renault sont saisies, et nationalisées sous le nom de Régie Renault.

Une maison après-guerre

Nos parents eurent la possibilité d'acquérir une grande demeure bourgeoise sur trois étages, en mesure de loger toute la famille. Occupée par les Allemands pendant la guerre, la maison avait l'air peu engageant d'un manoir hanté sorti tout droit des *Hauts de Hurlevent* : volets cassés, peintures écaillées, jardin en friches… C'était sans doute ce que l'on pouvait espérer de mieux – et c'était déjà beaucoup – dans une ville dévastée.

Dans toutes les pièces parquetées, on finissait par connaître précisément le grincement de chacune des lattes. Dans la salle de bains, les plâtres étaient fissurés, la peinture craquelée, le parquet en voie de pourrissement, la baignoire à pattes de lion et le vieux lavabo en faïence, criblés d'éclats. Les robinets exigeaient une force de titan pour laisser couler un filet d'eau froide dans un crissement aigu.

Au sous-sol, la cuisine était équipée d'un fourneau à charbon allumé du matin au soir, et d'une cave à charbon contiguë dans laquelle étaient aussi alignées des claies à pommes de terre. Dans la pièce voisine aux murs

Un vrai manoir hanté…

noircis, une vieille chaudière bruyante empestait le mazout et tombait régulièrement en panne, quand ce n'était la cuve qui était à sec.

Après plusieurs mois d'attente, le téléphone fut installé dans le corridor du premier étage. Il s'agissait d'un appareil en tôle, fixé au mur et à cadran rotatif. En dessous, un écouteur supplémentaire était attaché à un crochet chromé. Automatique, il ne nécessitait pas de passer par une opératrice, sauf pour appeler en PCV ou vers un pays étranger. Dans ce cas, on composait le numéro de « l'inter » (international), puis on demandait à ce que soit appelé tel ou tel numéro étranger. L'opératrice nous rappelait ensuite, parfois une ou deux heures après.

Situé au centre du couloir et de la maison, impossible à déplacer, ce téléphone rendait inconcevable toute discussion intime et était au cœur de la vie tumultueuse de la famille. Première sonnerie : « Qui répond ? » apostrophait l'un. Cinquième sonnerie :
« Mais allez-vous donc enfin répondre ! », vociférait Papa. Et le téléphone de continuer à sonner. Quand, à la dixième sonnerie, on attrapait enfin le combiné, il n'était pas rare que la personne ait raccroché, lassée d'attendre.

Le chic en robe de baptême.

Papa travaille

Malgré une vie âpre et une situation affligeante, un frisson d'optimisme commençait à porter hauts les cœurs et les espoirs. Les priorités : reconstruire routes et logements, réorganiser l'industrie orientée depuis cinq ans vers la production de guerre, rattraper le retard économique, se moderniser sur le modèle américain. Jean Monnet élabora un plan fixant la stratégie et les objectifs économiques à atteindre. Soutenue par les nationalisations de l'État dans les secteurs des transports, de l'énergie et de la banque, l'économie française cherchait comment se relever. En province, les grandes secousses politiques et idéologiques de l'épuration paraissaient loin de nos préoccupations quotidiennes, qui se bornaient à la nécessité de manger à sa faim.

Chef d'entreprise avec cinq enfants à charge, mon père n'avait pas eu à combattre durant la guerre. Comme beaucoup d'industriels, il avait tenté de maintenir un semblant d'activité, se rendant à l'usine tous les jours et dormant dans un petit abri souterrain pour se protéger des bombardements. Il nous rejoignait le dimanche.

Comme beaucoup d'entreprises à l'époque, la sienne profita des besoins de la reconstruction pour prospérer. Cela ne se fit pas sans mal au vu des pénuries de matières premières et des dégâts subis. Les affaires reprirent malgré tout, et on s'affairait assidûment.

Un PDG se devait alors de soigner les apparences : costumes venant d'un tailleur parisien renommé, voyages et grands hôtels devinrent l'apanage de quelques patrons après-guerre. Sous le costume, le maintien était tout autant de mise : caleçon jusqu'au genou, baleine pour la tenue du col de chemise, et une petite sangle élastique autour du mollet avec une agrafe destinée à empêcher les chaussettes, pas encore extensibles, de plisser.

En décembre 1945, tandis qu'à la demande du gouvernement, on créait le Conseil national du patronat français (CNPF), mon père était actif au sein du Comité des jeunes patrons, récemment constitué pour « mettre l'économie au service de l'homme », prenant position en faveur des comités d'entreprise en 1945, puis plus tard des conventions collectives ou de l'assurance-chômage.

En 1947, les privations persistant et la hausse des prix laissant exsangues la classe ouvrière, plusieurs grèves éclatèrent dans le pays : les usines Renault, les cheminots, suivis par les employés d'EDF-GDF, puis les mineurs. L'Assemblée nationale vota alors une loi sur la « défense de la République » et une sur la « liberté du travail ». On se remit au travail pour de maigres salaires, et peu à peu l'économie reprit.

Les zazous

La mode masculine se cantonne principalement au costume, manteau droit, chapeau de feutre et gants. Un courant de jeunes excentriques, fanatiques de jazz noir américain, impose toutefois pendant l'Occupation une silhouette anticonformiste. Les cheveux longs, vêtus de larges vestons écossais et de pantalons rayés, chaussés de souliers clownesques à bouts arrondis et portant systématiquement un parapluie, les zazous affichent une nonchalance bravache. Dandys et provocants, ils jouent de la dérision pour malmener les valeurs bien-pensantes de Vichy.

Tirant son nom d'une chanson de Cab Calloway, « Zaz Zuh Zaz », le mouvement zazou est né au début des années quarante, alors que le couvre-feu prive la jeunesse de distraction. Il exprime son opposition au régime en place à l'occasion de concours de danse et de concerts de jazz dans les caves des Champs-Élysées ou du Quartier latin. Quand les lois raciales imposent aux Juifs de porter l'étoile, quelques zazous s'affublent d'une étoile marquée « Swing » ou « Zazou ». Leur manière puérile de résister à l'occupant, autant que leur apparence, sont fustigées dans la presse d'extrême droite. En 1943, lorsque Vichy impose le travail obligatoire en Allemagne (STO), les zazous sont traqués et rossés. Après la guerre, ils se délocalisent dans les cafés et les clubs de jazz de Saint-Germain-des-Prés. Ils se rapprochent alors des existentialistes, mais aussi de la fantaisie de Boris Vian.

Un zazou avec son gramophone.

Élégance d'après-guerre.

La plus jolie maman du monde

Dans l'adversité, ma mère fit partie des Françaises qui refusaient de mettre l'élégance au placard. Toujours tirée à quatre épingles, elle se coiffait de petits bibis ou de foulards, comme un défi à la morosité, et parce qu'il était difficilement concevable pour une femme « bien » de sortir « en cheveux ».

Faute de textiles, il fallait faire preuve d'ingéniosité pour inventer, recycler et adapter ses tenues. Les dames allongeaient leurs jambes avec des semelles compensées. Elles en renforçaient aussi le galbe en imitant un bas de soie : elles badigeonnaient leurs mollets au thé froid pour les brunir, et dessinaient la couture sur l'arrière avec un morceau de charbon. Prêtes à tout pour sauver leur allure, elles redoublaient d'imagination : elles récupéraient les draps ou les vieilles vestes de leurs maris, recousaient dans les rideaux, créaient une robe de mariée dans une toile de parachute. Les magazines féminins consacraient alors de nombreuses pages à la « fabrication maison ».

1947 signa le renouveau de la mode. Un jeune créateur, Christian Dior, lança cette année-là le New Look : taille marquée, mise en valeur des épaules et de la poitrine…

S'accommodant du rationnement, Louis Réard inventa le bikini, le plus petit maillot de bain du monde, la « première bombe anatomique », présenté à la piscine Molitor en

Habillée façon New Look par Christian Dior.

juillet 1946, porté par une danseuse du Casino de Paris. L'effet fut explosif et le sulfureux maillot suscita la polémique.

Le soir, Maman s'enduisait généreusement le visage d'un masque de crème Diadermine : chaque baiser de bonsoir avait pour nous le parfum et le poisseux de cet onguent. Toujours pour préserver la douceur de sa peau, elle trempait quotidiennement ses coudes asséchés dans une infusion de paille d'avoine.

Dans les poches de leurs treillis, les GI's américains avaient amené quelques nouveautés d'outre-Atlantique : le savon Lux, qui satinait la peau comme celle des stars hollywoodiennes, et du vernis à ongles que les Françaises commencèrent à arborer discrètement dans les grandes occasions. On se pinçait les joues pour avoir bonne mine, puis on ajoutait un voile de poudre de riz pour le velouté. Quand ma mère sortait, elle laissait sur mon front une marque de Rouge Baiser, et derrière elle quelques effluves de Mitsouko ou de Vol de nuit de Guerlain. En cas de petites indispositions, migraine ou règles douloureuses, elle avalait rapidement un comprimé d'Algocratine au goût d'hostie.

Objet de toutes les attentions dans mon landau.

Une vie de bébé

Fortes de l'indépendance acquise en l'absence de leurs hommes, les femmes voyaient leurs idées et leurs intérêts mieux considérés. Elles venaient d'obtenir le droit d'élire et d'être élues. En mai 1945, ma mère se rendit aux urnes pour la première fois, afin d'élire le maire de la ville. Par la suite, elle ne man-

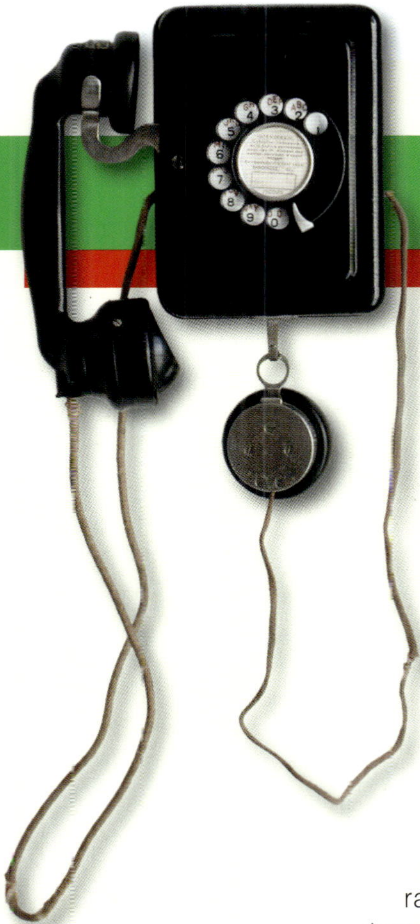

Le téléphone familial.

qua jamais une élection, votant plus par esprit de citoyenneté que par féminisme convaincu, et se fiant principalement aux conseils de son mari.

En 1945, la création de l'Union nationale des associations familiales, la généralisation de la sécurité sociale et la revalorisation des allocations familiales confortèrent les parents. Pas vraiment de quoi céder à l'euphorie, mais un soulagement qui permit l'agrandissement de quelques familles. Le retour des hommes et le mariage des jeunes fiancés séparés par la guerre furent cependant les principales raisons de ce véritable engouement reproducteur, qui signa le début du baby-boom.

Dernier d'une fratrie de six, je pointai mon nez dans une famille avec ses singularités, mais sans extravagance. Ma mère n'eut jamais d'emploi salarié. Les femmes travaillaient alors surtout lorsque la situation financière du ménage l'exigeait réellement. Les divorcés et les enfants nés hors mariage n'étaient pas courants, et attiraient des regards plutôt réprobateurs. L'avortement était condamné par la loi. Faute de contraception digne de ce nom – si ce n'est le « coït à la retirette » qui ne fit pas vraiment ses preuves – les familles nombreuses ne surprenaient personne. Par pudeur ou pour suivre les préceptes de l'éducation à la dure qu'elle avait elle-même reçue, Maman ne se montrait pas très encline aux câlins et aux mots doux.

Contrairement à quatre de mes aînés, je naquis dans une clinique. L'accouchement à domicile semblait désormais appartenir au passé. Ce séjour à la maternité était l'occasion pour les jeunes mères de bénéficier d'une certaine sécurité et de se reposer un peu, loin des travaux ménagers.

Aussitôt né, je reçus un petit bavoir brodé à mon nom en même temps qu'une onction religieuse – la garantie formelle de finir au Paradis en cas de mortalité précoce, pas si inhabituelle à cette époque. Quelques mois plus tard, je fus baptisé de façon plus traditionnelle, vêtu d'une longue robe de

Blédine, la seconde maman.

dentelles et d'organza blancs.

Après la guerre, malgré les pénuries alimentaires, nourrir les nouveaux-nés au biberon était le signe d'une modernité nouvelle. Celles qui décidaient malgré tout d'allaiter le faisaient toujours dans une très stricte intimité. Le biberon, produit de la civilisation, paraissait souvent plus hygiénique et plus chic. On pratiquait alors une stérilisation obsessionnelle contre les microbes et les maladies infantiles. Les mères utilisaient du lait en poudre quand elles pouvaient en trouver, ou du lait concentré dilué dans de l'eau. Pour les bébés gourmands, on épaississait ce lait d'une poudre de céréales, la Blédine – « une seconde maman », disait la réclame. À l'occasion, on ajoutait dans le biberon un petit morceau de Roquefort, excellent pour la digestion et pour immuniser contre les microbes. Dès l'apparition des premières dents, on frottait nos gencives endolories avec un morceau de sucre.

Je passais mes deux premiers mois dans une chambre à l'abri du bruit, de la lumière et des virus divers. Les nourrices avaient alors pour instruction de ne pas céder aux larmes nocturnes et de rendre à leurs mères des petits anges capables de dormir paisiblement pendant une dizaine d'heures.

Le port de la robe pour les petits garçons étant tombé en désuétude, on était habillé d'une barboteuse bouffante en tricot de laine et d'un petit paletot à capuche. Pour conserver la douceur de notre peau de nourrisson, on nous lavait au savon Cadum et on nous enduisait de crème Nivea. Les fesses couvertes d'un lange en coton épinglé, j'étais ensuite emmené en promenade par mes sœurs ou ma nourrice dans un landau à larges roues, dont la capote en skaï était imprégnée d'une odeur mélangée de talc et de lait caillé.

Une fois sur pied, les bambins se retrouvaient vêtus d'un costume marin avec un large col à bordures rayées, ou d'un short bouffant à bretelles, et chaussés de sandalettes. Pénurie de textiles et rareté du prêt-à-porter obligent, la plupart de ces vêtements étaient hérités de nos aînés et usés jusqu'à la corde.

On grandissait au rythme de petites comptines populaires – *Ah ! vous dirais-je maman*, *Au clair de la Lune*, *Alouette*, *Frère Jacques*, *J'ai du bon tabac*, *Le Bon Roi Dagobert* –, de rondes – *Sur le pont d'Avignon*, *Dansons la capucine* – ou du fameux *À cheval gendarmes, à pieds Bourguignons* durant lequel on accélérait le mouvement, perché sur les genoux de Papa : au pas, au trot, et un grand éclat de rire au galop.

On apprenait la propreté, assis sur un gros pot de chambre circulaire en faïence. Parfois un œil inquisiteur, peint au fond, nous terrifiait assez pour accélérer la commission. Dans beaucoup de familles, la cabane à nécessités se trouvant encore au fond du jardin, on gardait ces pots dans un petit compartiment de sa table de chevet, destiné à escamoter l'objet.

On apprenait alors à s'amuser simplement. Je jouais avec les gravats qui jonchaient encore le jardin, j'escaladais les troncs d'arbres morts, je transformais en cabane un abri abandonné par les Allemands. Papa nous faisait faire la « tourniballe », mains entre les jambes et tête en bas. Plus assurés, on s'essayait à la trottinette ou au cyclorameur. Si, par chance, on trouvait un jardin en pente, on nous suspendait à une barre de tyrolienne pour quelques secondes de frissons.

Avec nos petites guiboles peu expérimentées, ces jeux n'étaient pas sans risque. Et plus d'une fois, nous fûmes stoppés dans notre élan par un petit bobo ou un genou couronné. En cas de bosse sur le crâne, on nous appliquait un peu d'arnica, et de la teinture d'iode pour désinfecter les coupures et écorchures. En cas de rhume, maman nous préparait des cataplasmes à la moutarde de lin, particulièrement odorants et destinés à déboucher les nez les plus récalcitrants. Contre les otites et les bouchons, on nous injectait un peu d'huile de ricin chaude dans l'oreille et on enlevait l'objet du mal avec une ventouse.

Fier en short bouffant.

Petite enfance entre **tradition** scolaire et **modernité** domestique

1948-1960

La tenue du foyer

Jusqu'au début des années cinquante, ma famille bénéficia des services d'un couple de domestiques. Lui s'occupait du jardinage, du ménage et du service à table ; elle de la cuisine, de la vaisselle et du repassage. Une autre femme venait régulièrement à la maison pour faire la lessive : dans la buanderie, un feu de bois protégé par un âtre fermé permettait de faire bouillir l'eau des lessiveuses. Après qu'on eut ajouté une poignée de paillettes de savon, le linge était frotté énergiquement, rincé à la main, puis étendu sur de grosses cordes.

En l'absence du confort qu'offrirait plus tard l'explosion de l'électroménager, la main-d'œuvre était alors assez bon marché, et aucune paire de bras

Chronologie

3 janvier 1948
Face à une inflation importante, le gouvernement dévalue le franc de 80 %.

31 mars 1948
Le Congrès américain approuve le plan Marshall d'aide à la reconstruction de l'Europe.

10 décembre 1948
L'Assemblée générale des Nations Unies, réunie à Paris, adopte la Déclaration universelle des droits de l'homme.

4 avril 1949
Signature du Pacte atlantique, alliance militaire entre onze pays occidentaux dont la France, qui a pour but de prévenir toute agression des pays communistes, et institutionnalise la guerre froide.

29 juin 1949
Pierre Sabbagh présente le premier journal télévisé.

24 mai 1950
Tandis que l'électroménager soulage les femmes d'un certain nombre de tâches ménagères, une loi fixe la fête des mères au dernier dimanche de mai.

24 juin – 12 juillet 1950
Quatre gouvernements se succèdent en moins d'un mois, signe de l'instabilité et de l'échec récurrent des politiques de la IVe République.

superflue. Par la suite, nous n'eûmes plus qu'une seule domestique, qui ne fut pas remplacée après son départ dans les années soixante. Autre époque, autres mœurs.

Les outils d'entretien étaient alors assez sommaires : balai, paille de fer et encaustique pour les parquets, vinaigre anticalcaire, gros bidon de détergent Teepol contre le gras, fers à repasser en fonte, peau de chamois et blanc de Meudon pour l'argenterie… Mais aussi chiffons et têtes-de-loup – terme effrayant que je pris longtemps au pied de la lettre – télescopiques pour chasser poussière et araignées des plafonds, amidon pour les cols de chemises, eau de javel pour récurer. Le tout largement agrémenté d'huile de coude !

Dans la cuisine, au sous-sol, se trouvait un monte-charge en bois qui circulait

Qu'on soit petit ou grand…

… on pose bien sagement.

entre des rails et qu'on actionnait à l'aide d'une corde. Il servait à monter les plats jusqu'à la salle à manger, voire à la chambre de nos parents pour le petit-déjeuner. Enfants, recroquevillés à l'intérieur, il nous arrivait de l'utiliser comme un manège de fête foraine.

Le Salon des arts ménagers

C'est Jules-Louis Breton, ancien sous-secrétaire d'État aux Inventions et aux Expériences techniques, qui a l'idée d'ouvrir en 1923 un baraquement sur le Champ de Mars, puis au Grand Palais, consacré aux innovations et aux recherches. Après la guerre, la reconstruction et les problèmes de relogement amènent naturellement ce salon à se recentrer sur l'habitation. Faire la cuisine, le ménage, se chauffer, se laver… tous les gestes du quotidien y trouvent une solution technique nouvelle. Servi par la prospérité économique et l'essor industriel, le Salon des arts ménagers connaît alors un vrai succès et attire de plus en plus de visiteurs. Largement relayé par la presse, il jouera jusque dans les années soixante un rôle majeur dans la société de consommation.

Préparatifs du Salon des arts ménagers.

La fameuse barboteuse.

Prêt à conquérir le monde.

À l'école des filles…

La trottinette confère une autorité naturelle.

Mes sœurs aînées eurent longtemps une préceptrice. Son enseignement s'appuyait sur le fameux cours Hattemer par correspondance, dont le succès s'était largement répandu, particulièrement en période de guerre puisque plusieurs écoles avaient fermé leurs portes.

Pour ma part, c'est à quatre ans que j'intégrai pour la première fois le jardin d'enfants. Il s'agissait d'une école privée catholique, tenue par des sœurs dominicaines – une école de filles ! Nous étions trois ou quatre garçons, noyés dans un petit monde bien-pensant, semé de cols Claudine, de robes à smocks, de jupes à bretelles, de socquettes, de bas de laine et de jupons amidonnés. La plupart des fillettes jouaient sans se lasser avec leurs poupées Bleuette. Ces poupées à tête de porcelaine étaient commercialisées avec *La Semaine de Suzette*, un petit magazine qui éditait des patrons de vêtements pour habiller les poupées, mais aussi les aventures de Bécassine. C'est dans la cour de récréation que je connus mes premiers baisers, aussi voluptueux que baveux, avec quelques charmantes demoiselles.

Régulièrement honorés par des images, des bons points et autres croix d'honneur, nous recevions dans cette école une éducation qui mettait clairement l'accent sur les bonnes manières et la tenue du foyer. Nous y apprîmes ainsi quelques notions de crochet sur un tricotin, un petit bonhomme en bois doté de quatre clous sur la tête autour desquels on tournicotait la laine.

La Semaine de Suzette.

En chemisier à smocks et col Claudine.

Le dernier jour de l'année scolaire était marqué par le rituel immuable du cirage de nos petits pupitres de bois, et par la remise des prix. En onzième, je remportai le premier prix de rangement : un grand album illustré de *Babar*.

Gastronomie d'après-guerre

La charge ménagère des mères, même si elles étaient secondées, était loin d'être insignifiante. Responsables de familles nombreuses et soucieuses de la bonne tenue de leur maison, elles s'attelaient à la tâche sans compter sur le soutien de leur mari, pour qui le partage des travaux domestiques n'était pas encore à l'ordre du jour.

Ma mère faisait quotidiennement les courses puisque, comme la plupart des foyers français, nous n'avions pas de réfrigérateur mais un simple garde-manger. Conservation aléatoire des produits frais, rationnement jusqu'en novembre 1949 et inflation galopante transformaient le ravitaillement et la cuisine en véritable casse-tête. On achetait du tapioca bon marché pour épaissir des potages sans saveur, et préférait le beurre salé qui se préservait mieux.

Par souci d'économie, on préparait régulièrement des yaourts maison : il fallait faire bouillir le lait, conditionné dans des boîtes en fer, et prendre soin de ne pas en gâcher une goutte grâce à une rondelle anti-monte-lait que l'on plaçait au fond de la casserole. La préparation était ensuite placée dans une yaourtière, outil indispensable de la ménagère.

Autant que possible, rien n'était gâché, ni jeté. Avec la peau de lait on confectionnait des cakes. Avec les restes de rôti de bœuf, plat familial par excellence, on faisait du hachis Parmentier. Avec le reste de hachis, des tomates farcies. Avec le reste des tomates, de la soupe... À chaque repas, on ouvrait une bouteille de cidre « maison » dont le bouchon mécanique nécessitait un peu de pratique pour laisser échapper mousse et gaz dans un verre Duralex avant de le servir à boire.

Nous prenions parfois le repas dans la cuisine. Frères et sœurs, nous nous y retrouvions en grandes tablées, tantôt incommodés par les relents de graillons en provenance de la bassine d'huile d'arachide où avaient été grillées les frites, tantôt mis en appétit par le fumet d'une viande longtemps mitonnée, toujours bercés et réchauffés par le ronflement du gros fourneau en fonte. Et, systématiquement, rassemblés autour du poisson du vendredi.

Plan Marshall, guerre froide, OTAN... Le monde occidental change de visage.

En 1945, face aux États d'Europe occidentale ruinés par la guerre, deux superpuissances émergent. Les États-Unis détiennent le monopole nucléaire et disposent d'une puissance économique inégalée. L'Union soviétique possède force militaire et prestige politique. La multiplication des confrontations idéologiques entre les deux blocs marque le début de la guerre froide et la naissance d'un monde bipolaire.
Le Congrès américain, redoutant que le communisme s'étende en Europe, adopte le plan Marshall. Entre 1947 et 1951, les États-Unis consacrent ainsi 13 milliards de dollars à la reconstruction des pays européens. Ce plan favorise les importations des produits et du mode de vie américains. En 1949, la signature du traité de l'Atlantique Nord soude encore plus le bloc occidental derrière les États-Unis, installant peu à peu une certaine hégémonie américaine. En effet, le traité n'encourage pas seulement la coopération militaire, mais aussi économique, sociale et culturelle. Peu à peu, l'oncle Sam s'impose dans le monde occidental.

Affiche américaine vantant le plan Marshall (1948).

Les progrès de l'électroménager commencent à soulager la femme au foyer

En 1949, on transforma en cuisine une pièce contiguë à la salle à manger. Avides de décoration moderne telle que montrée dans le magazine *Art et Décoration*, on commençait à porter un regard nouveau sur l'aménagement d'intérieur. Les menuiseries, portes et meubles en tôle, entièrement laqués de blanc, donnèrent à cette nouvelle pièce une allure très contemporaine, à la pointe pour l'époque. Modernisme encore accentué par quelques gadgets, comme cette table rabattable montée sur charnières ou cet évier en inox avec arrivée d'eau froide... et chaude. La corvée quotidienne de charbon pour chauffer l'eau de vaisselle n'était plus qu'un mauvais souvenir.

La cuisine fut également équipée d'une gazinière Arthur Martin, présentée cette année-là au Salon des arts ménagers. L'année suivante, un véritable tourbillon d'innovations arriva à la maison en provenance des États-Unis : un réfrigérateur Hotpoint, pourvu d'un compartiment freezer pour les glaçons, et toute une batterie d'accessoires ménagers avant-gardistes pour l'époque : un fer à repasser à vapeur, un mixer, un grille-pain, une cafetière électrique, un robot Kitchen Aid...

En fourrure pour inaugurer la nouvelle cuisine.

Une escale à New York

La France entretenait alors envers les États-Unis un sentiment de fascination-répulsion paradoxal. Le parti communiste, largement représenté à l'Assemblée nationale, stigmatisait la culture américaine et redoutait la « coca-colonisation ».

Le Lockheed Constellation.

Mais pour une partie de la jeunesse, l'Amérique était un eldorado, une nation de héros, un pays innovant dont on enviait le « *lifestyle* ».

Nous pouvions toucher l'Amérique du bout des doigts grâce à quelques produits débarqués avec les GI's. Le plan Marshall de reconstruction de l'Europe contribua aussi à l'exportation de l'« *american way of life* » : premiers verres de Coca-Cola, dont se méfiaient beaucoup de parents, chewing-gums permettant de se donner des airs de mauvais garçon, blue-jeans… Les stars de cinéma au sex-appeal captivant – Ava Gardner, Rita Hayworth et Audrey Hepburn en tête – et les musiciens de jazz nous faisaient rêver.

Au Havre, peut-être plus qu'ailleurs, on pouvait s'imaginer embarquer pour le bout du monde à bord des paquebots transatlantiques : le *Flandres*, le *Caronia*, l'*Île-de-France*, ou un peu plus tard le *United-States*, dont on entendait les sirènes triomphantes au moment où ils quittaient le port. Souvent, une foule endimanchée se pressait sur les quais pour les regarder partir. La Cunard Line britannique et la Compagnie générale transatlantique française rivalisaient pour offrir à leurs passagers les traversées les plus luxueuses et les plus rapides. *Le Liberté* assurait des traversées régulières entre Le Havre et New York en cinq jours – cinq jours de soirées dansantes avec orchestre, de menus gastronomiques dans de grands salons meublés de fauteuils en noyer et habillés de tapisserie d'Aubusson. Dès les années

Le Liberté entrant dans le port du Havre.

cinquante, ces navires eurent à faire face à la concurrence des premiers avions de ligne commerciaux.

En 1948, la compagnie Air France avait inauguré ses vols commerciaux – effectués par un Lockheed Constellation à hélices – entre Paris et New York.

Bien que l'aviation civile commençât à se développer, les voyages en avion étaient encore réservés à des hommes d'affaires pressés, et tenaient d'une improbable aventure. Le voyage était ponctué de trous d'air, de secousses, de longues escales, de quelques frayeurs et de repas gargantuesques destinés à faire passer le temps. Deux accidents suscitèrent alors beaucoup d'émoi auprès des Français : le premier, en 1949, sur la ligne Paris / New York, fit perdre la vie au populaire boxeur Marcel Cerdan ; le second, en 1950, vit le *Malabar Princess*, parti de Bombay à destination de Londres, s'écraser dans le massif du Mont-Blanc.

Parti pour affaires, à l'occasion d'une escale à New York, mon père ramena du matériel d'électroménager, et un poste Radiola qui ne recevait que les petites ondes, peu répandues en France. Sur le dessus, un couvercle dissimulait un tourne-disque avec un chargeur pouvant contenir une dizaine de 78 tours et capable de les changer automatiquement.

Le coût des disques étant relativement élevé, on n'achetait que peu de 78 tours, et on les repassait jusqu'à ce que le saphir crépitant du tourne-disque vienne indéfiniment buter sur les sillons rayés. On écoutait en boucle les incontournables de la variété française : « Douce France » de Charles Trenet, « Une demoiselle sur une balançoire » et « C'est si bon » d'Yves Montand, « La Vie en rose » d'Édith Piaf, « Valentine » de Maurice Chevalier, ou encore Bourvil, les Frères Jacques, Tino Rossi, Luis Mariano, Ray Ventura, Suzy Solidor, Francis Lemarque… Ces chanteurs, leurs rythmes guillerets et leurs paroles à l'optimisme léger réchauffaient les cœurs après plusieurs moroses années de guerre. Exceptionnellement, on s'offrait aussi un disque étranger, des monuments du jazz : Glenn Miller et son orchestre, Louis Armstrong...

Dans une mallette en carton bouilli, on gardait une vingtaine de disques de la méthode Assimil en anglais, lubie de Maman qui l'écoutait attentivement en annotant le livret joint. À moi, on avait offert un livre-disque illustré, un conte où il était question d une forêt enchantée parsemée d'embûches et de princesses à délivrer.

Mon père avait aussi ramené des cartouches de cigarettes américaines – Players, Lucky Strike, Benson & Hedge, Chesterfield... Lui-même ne fumait quasiment jamais, mais il était alors d'usage, pour un homme « respectable », d'avoir des cigarettes sur soi et d'en offrir aux autres. Ces cigarettes étaient conservées dans un petit étui travaillé, rangé dans la poche poitrine du costume. De même, dans les soirées et dîners élégants, on ne manquait pas de laisser à disposition des invités un bouquet de cigarettes disposées dans un petit vase.

La mort de Marcel Cerdan

Le 27 octobre 1949, le boxeur Marcel Cerdan décide de changer son billet de bateau contre un billet d'avion, pour rejoindre au plus vite sa compagne Édith Piaf à New York. Le vol est complet, mais un couple décide de lui offrir sa place. Le Constellation d'Air France s'écrasera dans la nuit sur l'archipel des Açores. Destin tragique, sportif mythique, histoire d'amour passionnée avec la « Môme »... la mort de Marcel Cerdan laisse la France et le Maghreb, dont il était originaire, en deuil. La terreur des rings, le « bombardier de Casablanca », figure exemplaire du sport français, entre dans la légende. À trente-trois ans, Cerdan avait remporté tous les titres : champion de France, d'Europe et du monde.
En 1946, marié et père de famille, il avait rencontré Édith Piaf. Leur idylle interdite, traquée par la presse, débuta deux ans plus tard : ce fut un amour à la folie, teinté d'excès, entre deux enfants du peuple. Édith Piaf lui dédia « L'Hymne à l'amour ».

Édith Piaf, Marcel Cerdan.

1951-1955

Les **joies** du **jeu** adoucissent la rigidité **scolaire**

Jeune élève encore impressionnable.

École publique vs institution privée catholique…

Fin septembre 1951, mon sixième anniversaire sonna l'arrivée de l'automne et la fin des grandes vacances. Mon cartable neuf sentait bon le cuir. Ma blouse bleue, encore immaculée, avait été repassée avec soin. Le jour de la rentrée, je trouvai une foule de bérets et de culottes courtes rassemblés dans la cour. Une centaine de garçons se tenaient là, tête au chaud et mollets gelés. Un peu penaud, j'enlevai fissa la cagoule de laine un peu ringarde tricotée par ma mère. Mon école était l'une des rares de la ville à avoir échappé aux bombardements. Les arcades très

Chronologie

5 avril 1951
Aux États-Unis, Ethel et Julius Rosenberg, accusés d'avoir livré des secrets atomiques à l'URSS, sont condamnés à la peine capitale.

18 avril 1951
Création de la Communauté européenne du charbon et de l'acier (CECA) composée de la RFA, la France, l'Italie et le Benelux, ancêtre de l'actuelle Union européenne.

1952
Antoine Pinay, président du Conseil, lance un grand emprunt national, avec une garantie sur le cours de l'or et lutte contre l'inflation.

14 octobre 1952
Inauguration, à Marseille, de la Cité radieuse conçue par l'architecte Le Corbusier.

Juillet-août 1953
Un vent de révolte souffle sur la France : une grève générale des services publics éclate. Pendant ce temps, Pierre Poujade entraîne les petits commerçants dans son mouvement anti-fiscaliste.

23 décembre 1953
À l'élection présidentielle, René Coty est élu au suffrage indirect au treizième tour, et succède à Vincent Auriol.

Février 1954
Au cours d'un hiver glacial, l'abbé Pierre lance un appel en faveur des sans-abri et fonde les Compagnons d'Emmaüs.

Mai-juin 1954
Après la capitulation française à Diên Biên Phu, Pierre Mendès France, investi comme président du Conseil, s'engage à trouver une issue au conflit en Indochine en six semaines. C'est chose faite en juillet avec les accords de Genève.

1er novembre 1954
Vague d'attentats revendiqués par le Front de libération nationale (FLN) : début de la guerre d'Algérie.

3 avril 1955
Suite aux attentats du FLN contre des soldats et civils français, Edgar Faure déclare l'état d'urgence en Algérie.

14 mai 1955
Signature du pacte de Varsovie, « traité d'amitié, de coopération et d'assistance mutuelle avec la formation d'un commandement unifié », sous l'égide de l'URSS.

solennelles de la cour d'honneur, les murs mornes – notamment celui qui nous séparait de l'école des filles, avec qui nous ne pouvions échanger ni un regard, ni une parole –, le gymnase et ses barres parallèles inaccessibles nous faisaient froid dans le dos.

Une salle de classe dans une école primaire.

Les toilettes se constituaient d'une rangée d'urinoirs au mieux bruns de crasse, au pire jaunis de pisse nauséabonde. Nos sandales y baignaient dans un fond d'eau croupie. Mon slip, une culotte de fille Petit Bateau en coton tricoté héritée de ma sœur aînée, détendue par de trop nombreux lavages à l'eau bouillante, glissait tout seul.

Notre maître, à la moustache aussi grise et austère que nos ardoises, ne paraissait pas franchement enclin à la

Jouer aux billes.

plaisanterie. « En rang par deux », cinglait-il. On rejoignait alors la rangée de porte-manteaux à nos noms, dans le couloir. Une fois en classe, le ronron familier du poêle à charbon, le parfum d'amande de nos petits pots de colle en métal et la légère poussière de craie nous réconfortaient un peu. Disposés en gradins, nos pupitres étaient tous équipés d'un encrier.

Après le rituel immuable de l'appel, la leçon de choses – une leçon de morale en bonne et due forme – était la première de la journée. On l'écoutait sans conviction, bras croisés, dans un silence monastique. Cet exercice de bonnes mœurs avait pour but d'éveiller en nous le sentiment du bien, de la vertu, de l'obéissance, du respect, de la politesse… Quiconque osait ricaner ou divaguer à ce moment se voyait envoyé au coin, à genoux sur une règle en métal, ou, pire encore, directement dans le bureau du censeur avec l'assurance de se voir coller le jeudi après-midi pour délit d'insolence ou d'indolence.

Près du tableau un grand compas était fixé à un clou et, à un coin de l'estrade, des cartes de France étaient appuyées au mur, représentant fleuves, départements et montagnes. C'est aussi en 1951 que nous avons découvert l'apprentissage des pleins et des déliés, des corps et des jambages, la joie des porte-plumes, des doigts tachés d'encre, des plumes cassées, des buvards et des pâtés. *La Méthode Boscher ou la journée des tout petits* nous ouvrait les portes de la lecture. On s'échinait sans patience ni enthousiasme sur des exercices d'orthographe et de calligraphie.

Dans la cour, on s'attardait assez peu sur les marelles, préférant de loin sauter à la corde ou jouer à chat perché. Mais nous n'aimions rien mieux que comparer les petits sacs lourds de billes qui déformaient nos poches : agates multicolores en verre ou en terre, calots en aciers et panneaux en carton percés en guise de cible. Viser juste et remporter la mise, telle était notre devise.

Quelques-uns d'entre nous venaient et repartaient de l'école en funiculaire, conservant précieusement la pièce de 5 centimes qui leur permettrait de payer le trajet. Elle servait plus souvent à nous fournir en rouleaux de réglisse (avec une perle en sucre au centre), berlingots, caramels, roudoudous, sucettes Pierrot gourmand ou Mintho. Rentrer à pied nous paraissait alors une bien modique pénitence.

Le poujadisme

En 1953, Pierre Poujade, un papetier du Lot, crée l'Union de défense des commerçants et artisans. Il souhaite ainsi défendre les intérêts des petits commerçants fragilisés par l'augmentation des contrôles fiscaux, l'émergence des grandes surfaces et l'accélération de l'industrialisation. Orateur de talent, Pierre Poujade parle à toutes les professions menacées par un monde en mouvement. Il dénonce avec véhémence « l'État vampire » et dénigre les intellectuels au profit du « bon sens des petites gens ». Le poujadisme séduit ainsi une large partie de la France rurale, qui se sent vulnérable et laissée à l'écart de la croissance des « Trente Glorieuses ». L'UDCA compte jusqu'à 450 000 cotisants en 1955, et obtient 52 députés aux élections de 1956. Les méthodes musclées et l'idéologie nationaliste de ses représentants auront rapidement raison de ce mouvement, dès le début de la Ve République.

Affiche poujadiste.

Avec une grimace ou une main dans la poche,
chacun sa façon de prendre la pose.

… où la plus austère n'est pas forcément celle que l'on croit.

En 1953, on avait coutume de dire « huit ans en huitième ». C'était un repère, une norme pour attester de notre niveau scolaire. Cette année-là, nous avons été de nombreux fils de « bonne famille » à faire notre rentrée à l'institution catholique qui venait d'achever sa reconstruction près de chez nous.

Une grosse cloche en fonte sonnait le début des cours et, pour moi, le départ de la maison : un saut de mur et la traversée du jardin du voisin suffisaient à me propulser dans la partie de balle au prisonnier organisée dans la cour, ou à rejoindre en douceur les rangs déjà constitués.

Bâtiments modernes et propres, bureaux neufs, salles de classe claires, un professeur (prêtre ou laïc) différent pour chaque matière… Que de changements !

Nous n'avons pas échappé, bien sûr, à quelques messes rébarbatives, où nous servions, tôt le matin, comme enfants de chœur. Dans les brumes de l'aube, on se laissait bercer par les litanies en latin des curés et les odeurs d'encens ou de vin de messe. La religion n'avait alors rien d'un passe-temps subsidiaire : nous allions à l'église tous les dimanches, portions le brassard noir du deuil à l'occasion des inhumations et, à la maison, respections scrupuleusement la diète du carême.

Notre scolarité ne se déroula évidemment pas sans punitions et autres démonstrations musclées d'autorité, notamment à l'occasion de cours de

Un communiant modérément enthousiaste.

gym où le professeur s'acharnait sans faillir à nous faire monter à la corde lisse. Nous ne manquions pas non plus de nouer quelques solides amitiés, ni d'instiguer de mémorables fous rires devant ces académiques et grotesques cravates à élastique que nous étions forcés d'arborer les jours de photo de classe. Chez nous, les parents jugeaient toujours nos leçons insuffisamment sues. Toutes les occasions étaient bonnes pour nous faire réciter nos cours d'histoire, les noms des départements ou les tables de multiplications... Des impôts médiévaux (taille et gabelle) au théâtre de Molière, tout cela nous paraissait bien trop éloigné de nos préoccupations quotidiennes.

Vêtements choisis et pose sage à l'occasion des communions.

Couronnement de la reine.

Premiers contacts avec la politique

Un jour de 1953, papa prit une décision inhabituelle et fit descendre le poste de radio de sa chambre dans la salle à manger, afin que nous puissions écouter en famille la retransmission du couronnement de la reine d'Angleterre. Nous avons déjeuné ce jour-là au son de cet événement aussi fastueux qu'exceptionnel, et dont nous allions découvrir les images féeriques dans *Paris Match* la semaine suivante.

Sur le sol français, l'intérêt des citoyens pour la chose publique était aussi faible que les gouvernements de la IVe République étaient éphémères. Nos parents prononçaient le nom de Guy Mollet avec une certaine désinvolture. Edgar Faure était caricaturé en coureur de jupons au verbe haut. René Coty, président de la République, bien que d'origine havraise, remportait à peine le soutien des habitants de la ville.

Dîner d'affaires en smoking et robes de soirée.
Pendant les « Trente Glorieuses », l'économie est au beau fixe.

En juin 1954, quelques semaines après la cuisante claque de Diên Biên Phu en Indochine, nous avons assisté à la nomination de Pierre Mendès France comme président du Conseil. Ce ne fut pas sans impact sur nos vies d'enfants : l'année suivante, l'obligatoire verre de lait matinal fut instauré dans toutes les écoles afin de lutter contre la malnutrition, les inégalités sociales et d'apprendre à « boire sain ». Chaque jour, dans les locaux de la cantine, nous avions donc droit à un bol de lait chaud servi avec des biscuits – un moment de détente dont nous profitions goulûment.

À dix ans, un âge où nous subissions les informations et n'y comprenions pas grand-chose, ce fut donc à l'école que nous avons été amenés, de façon bien prosaïque et inconsciente, à notre première « action » politique. Un peu étonnés de cette nouveauté, ne nous considérant ni rachitiques ni affamés, nous ne réalisions pas notre chance de gamins privilégiés.

De la même manière, pendant l'hiver 1954, dans une France transie de froid, je surpris ma mère bouleversée et sidérée en écoutant Radio Luxembourg : « Mes amis, au secours... Une femme vient de mourir gelée, cette nuit à trois heures, sur le trottoir du boulevard Sébastopol, serrant sur elle le

L'abbé Pierre en 1954.

papier par lequel, avant-hier, on l'avait expulsée… » Comme beaucoup, ma mère fit un don suite à l'appel révolté de l'abbé Pierre en faveur des sans-abri.

Pour nous, immunisés par une futilité tout enfantine, la neige n'était prétexte qu'à fous rires, concours de bonhommes, batailles de boules de neige et parties de luge. Cette année-là, on assista aussi dans la ville à quelques scènes surréalistes, comme ces jeunes filles tractées en ski par la voiture de leur père.

En tailleur écossais.

Diên Biên Phu

Depuis 1946, la guerre d'Indochine oppose les forces du corps expéditionnaire français en Extrême-Orient, soutenues par les États-Unis, aux forces indépendantistes du Vietminh, soutenu par la Chine et l'Union soviétique. Ce conflit indochinois lointain, n'impliquant que des engagés volontaires et ne concernant finalement qu'un nombre limité de colons, suscite peu d'intérêt en France – jusqu'à la défaite de Diên Biên Phu, en 1954. Cette bataille, la plus meurtrière de l'après-guerre, est l'un des points culminants de la guerre froide. Face à la débâcle française, une vague de stupeur s'abat sur la population, prompte à désigner les responsables de ce désastre. Pierre Mendès France, investi président du Conseil en vue de négocier une digne sortie de guerre, assume la direction de la diplomatie et conclut les accords de Genève. Ceux-ci mettront fin au conflit en reconnaissant le partage du Vietnam en deux États distincts.

Petits commerces après-guerre et ravitaillement familial

Maman insistait souvent pour que je l'accompagne faire les courses. Nous descendions sur la place où de vieilles marchandes généreusement adipeuses, le visage buriné, avaient posé leurs charrettes à bras. Elles proposaient au chaland navets à bas prix, carottes de formes et de tailles irrégulières, tomates piquetées exorbitantes. Des années après la guerre, la pénurie continuait de faire grimper les prix. Les cristaux de gros sel scintillaient dans les mottes de beurre frais. À l'autre bout de la place, on entendait la poissonnière tonitruer de sa voix faubourienne : « Y'a de la crevette M'dâme, aujourd'hui. » Un coup d'oeil au rémouleur, au rempailleur de chaises, aux camelots, un détour chez le boucher, le boulanger, le torréfacteur pour acheter une livre de café que nous passerions au moulin. Chez le teinturier, on déposait quelques paires de bas Nylon à la remmailleuse assise en vitrine. Puis, la pharmacie pour acheter de la poudre du docteur Gayelord Hauser, à laquelle les jeunes mères vouaient une dévotion aveugle à raison d'une cuillerée par jour. La clarté de leur teint, la finesse de leur taille et même le tombé impeccable de leur robe… tout était la conséquence directe des produits miracles du bon docteur.

Je traînais mes savates avec nonchalance devant le magasin de jouets. Les mères accéléraient, pressées de poser enfin leurs achats. Leurs fistons, eux, ralentissaient tous comme un seul homme, et se mettaient d'un même mouvement à fixer les détails rigoureusement agencés du petit circuit de train

Les filles croisent les aiguilles, les garçons jouent les fripons.

électrique exposé dans la vitrine. L'un d'entre nous se hissait sur la pointe des pieds et appuyait sur le bouton rouge bien en évidence sur le montant : le train démarrait, les feux s'allumaient, les aiguillages s'enclenchaient. Magnétisés par la perfection magique de l'engrenage, nous n'entendions pas nos mères nous appeler, elles qui continuaient d'avancer.

Un si mignon compagnon de jeu.

Loisirs, jeux et jouets

Les parents exerçaient un droit de regard circonspect sur nos « fréquentations ». Les jeudis après-midi, on se retrouvait dans des goûters organisés et chapeautés par nos mères, ou pour quelques parties de Monopoly, de diabolo ou de Dinky toys. On lestait alors les petites voitures avec du plomb fondu pour plus de stabilité, et on les lançait à toute force pour qu'elles roulent le plus loin possible.

En famille, nous jouions surtout à des jeux de société : jeu de dames, Qui perd gagne, Nain jaune, 1000 bornes… Avec Papa, je faisais des parties de

En cyclorameur, tricycle et vélo.

Petits chevaux sur une plaque en bois dans laquelle j'avais percé des trous, où se logeaient les billes en terre colorées qui faisaient office de pions. J'en avais trouvé le modèle dans la populaire revue de bricolage *Système D.*

Dans nos chambres d'enfants, point de jouets multicolores. Le mobilier y était ancien et plutôt sobre : un simple divan, une commode à tiroirs en placage de noyer, une bibliothèque vitrée, une table métallique pliante et son tabouret en guise de bureau, une table d'enfant en bois avec deux minuscules chaises en guise de chevet. D'une niche dans le double plafond, j'imaginais sortir, la nuit venue, mille fantômes diaboliques. J'appelais alors Maman en prétextant toux et maux de gorge, suffisamment bien simulés pour qu'elle me donne quelques gouttes Nican dans du lait chaud. Un doux remède au goût de thym contre les monstres chimériques !

On entassait tout de même dans nos chambres bon nombre de livres : la Bibliothèque verte – les « Signes de piste » en particulier –, des romans de cape et d'épée ou de chasse au trésor, l'œuvre complète de Jules Verne dans la collection Hetzel, *Robinson Crusoë* et *Le Comte de Monte Cristo*, ou encore ces policiers de la « Série noire » empruntés à nos aînés, ainsi que de vieux exemplaires de *Spirou* et du *Journal de Tintin*.

Garçons jouant au Meccano.

Noël était toujours une promesse de cadeaux dans les pantoufles des enfants sages. Après un goûter composé de chocolat chaud et de pâtisseries, nous devions faire preuve d'une patience d'ange, et subir la messe de 22 heures puis le dîner qui suivait. Ce n'est que tard dans la nuit que nous pouvions enfin disposer nos chaussons sur le palier du premier étage, puis attendre encore jusqu'au lendemain matin pour ouvrir les paquets tant attendus. Ceux-ci contenaient souvent d'interminables puzzles – cartes de France avec régions, départements et jusqu'à la plus petite des sous-préfectures – plus pédagogiques que ludiques.

Ma marraine savait presque toujours toucher ma corde sensible : elle m'offrit mon premier train électrique, une locomotive Hornby avec quatre wagons et un circuit que j'agrémentai, au fur et à mesure des années, de feux, d'aiguillages, de ponts, de tunnels et de chefs de gare… Pour mes sept ans – l'âge de raison, me serinait-on sans cesse –, elle m'offrit un magnifique vélo blanc, exagérément grand pour qu'il puisse durer longtemps. Nous ne faisions alors pas une bêtise sans nos vélos, confisqués deux cents fois par nos parents, démontés et remontés, trafiqués à grand renfort de cartons et de pinces à linge pour leur faire faire un bruit de vélomoteur. Pédalant comme des fous dans les jardins, le nez au vent, se grisant de vitesse dans les larges avenues de la ville, la bicyclette représentait pour nous le début de la liberté. La circulation automobile était encore relativement réduite, et nous ne risquions pas un accident à chaque coin de rue.

Un peu plus tard, j'ai voué un véritable culte au Meccano et passé un nombre incalculable d'heures en constructions diverses. Apprentis bidouilleurs, on se basait sur les modèles présentés sur les boîtes de jeu, ou l'on inventait des engins qui faisaient notre fierté. Combien de marmots ont-ils passé leur temps en soliloques interminables autour de ce jeu, ou à échanger des pièces manquantes avec des cousins et des copains de leur âge ? Pour les amoureux du Meccano, le *must* restait la mythique boîte n°10, la plus grosse, celle qui permettrait de réaliser nos inventions les plus fantasques, les bolides les plus sophistiqués.

Jeux et jouets dans les années cinquante

Les bambins s'adonnent alors aux grands classiques : puzzle, bilboquet, toupie, yoyo, domino, jeu de l'oie, jeux de cartes ou d'échec, ainsi qu'à des jeux aujourd'hui tombés en désuétude, tels que le billard Nicolas. Dans les jardins, les trottinettes et les cyclorameurs offrent quelques frissons. Sur les plages, le Jokari ou le frisbee, inventés dans les années quarante, font fureur. Dans les salons, le Monopoly reste un incontournable. Chez les garçons, le trio train Hornby / Dinky toys / Meccano est une référence depuis les années trente.

Cependant, l'après-guerre et l'avènement du plastique modifient considérablement l'industrie du jouet. La société Mcquin Breuil (futur Smoby) produit des jouets en plastique bon marché, à destination des magasins Monoprix et des boîtes de lessive Bonux – qui réussissent une belle opération marketing avec leur fameux cadeau. Les figurines Starlux (soldats ou chevaliers) apparaissent en 1958. Les premières briques de Lego, crées par le Danois Ole Kristiansen en 1949, connaissent un succès grandissant. Pour les fillettes, les baigneurs Petit Collin en celluloïd supplantent les poupées de chiffons ou de porcelaine. En 1959, la naissance de Barbie marque le début d'un succès planétaire. En 1958 et 1959, le hula hoop, importé de Californie, fait la joie des adolescentes. Les jeux de société ne sont pas en reste : la version francophone de Scrabble débarque en 1955, le 1000 bornes est créé en 1954, le Risk, jeu de stratégie militaire, en 1957.

1956-1959

De la **fragilité enfantine** aux premières **bravades** adolescentes

Avec la cravate aux couleurs du pensionnat.

Santé du pensionnaire

À l'école, il fallait désormais s'accrocher, travailler de plus en plus alors que l'adolescence nous amenait vers des préoccupations plus frivoles. Le niveau s'élevait, l'enseignement de chaque matière se spécialisait. Nous fûmes quelques-uns à décrocher malgré une pression parentale jamais relâchée, et une discipline qui ne s'embarrassait pas de quelques claques ou coups de pieds aux fesses en cas d'impertinence, ni de privations de jeux ou de sorties. Et si nos notes venaient à s'améliorer un peu, nous ne devions espérer ni compliment, ni encouragement.

Chronologie

Février 1956
Une troisième semaine de congés payés est accordée aux salariés français.

Mars 1956
Le Maroc et la Tunisie accèdent à l'indépendance.

Octobre 1956
La crise de Suez débute lorsque l'Égypte de Nasser décide de nationaliser le canal de Suez, une voie commerciale stratégique détenue à 44 % par l'économie franco-britannique.

25 mars 1957
Le traité de Rome, jetant les bases de la Communauté économique européenne, est signé.

Octobre et novembre 1957
Le lancement de *Spoutnik 1* par l'Union soviétique marque le début de la conquête spatiale. À bord de *Spoutnik 2*, la chienne Laïka est le premier être vivant envoyé dans l'espace.

13 mai 1958
Suite à l'invasion, par des manifestants, de l'immeuble du gouvernement général à Alger, le général Massu constitue un Comité de salut public pour maintenir l'Algérie française.

1er juin 1958
L'Assemblée nationale accorde sa confiance au gouvernement formé par de Gaulle.

4 juin 1958
De Gaulle se rend à Alger et lance à la foule massée : « Je vous ai compris. »

28 septembre 1958
La Constitution de la Ve République est adoptée par référendum et, en décembre, Charles de Gaulle est élu président de la République au suffrage indirect.

29 octobre 1958
Le Pape Jean XXIII succède à Pie XII.

23 juin 1959
Mort de Boris Vian à Paris. Le Collège de pataphysique, dont faisait partie son ami Raymond Queneau, annonce « la mort apparente du Transcendant Satrape ».

29 octobre 1959
René Goscinny et Albert Uderzo lancent le projet de la revue Pilote « pour les petits français », où Astérix apparaîtra pour la première fois.

Face à cette sévérité inflexible, insoumis et incompris, je finis un jour par fuguer, et me cachai dans une cabane, au fond du jardin d'un copain. Démasqué au bout de quelques heures à peine, je fus renvoyé fissa dans mes pénates, et tancé avec vigueur. Comme on commençait à le faire avec les insurgés en herbe, je fus envoyé chez un psychologue. Les ouvrages pédagogiques de l'Italienne Maria Montessori venaient à peine d'être édités en France et les travaux de Françoise Dolto, quoique déjà bien avancés, ne se démocratiseraient que dans les années soixante-dix. Peu soucieux des errances des âmes adolescentes, ce psychologue me fit lire puis résumer un texte élémentaire, et en conclut que ma santé mentale n'était pas totalement altérée.

On m'envoya donc en pension ! Encore une fois, je fis ma rentrée en culotte courte, humiliation un peu honteuse d'une enfance qui durait. J'enviais mes camarades qui, pour la première fois, portaient des pantalons d'hommes, comme un rituel marquant la fin de l'innocence.

Un matin, une fois les douze garçons de notre chambrée réveillés, rendez-vous fut donné à l'infirmerie et l'on se retrouva tous à la queue leu leu en petite tenue. Appelé un par un face au docteur, on subissait une visite médicale en règle : il fallait passer sous la toise en bois, monter sur la haute balance dont on devait ajuster les poids, frissonner sous le métal froid du stéthoscope, dire « ahaaa » en tirant la

La visite médicale.

langue, se laisser marteler le genou, et montrer les deux traits de plume sur notre bras en guise de réponse à l'obsessionnelle question du médecin, « a-t-il ou non viré sa cuti ? » en référence au test cutané de la tuberculose. À l'heure du vaccin contre la poliomyélite ou de l'administration d'un antibiotique – le plus souvent de la pénicilline sous forme injectable –, nous avions vite fait de perdre notre arrogance devant la mallette en inox contenant les aiguilles et les seringues soigneusement stérilisées.

Généralement, les enfants n'échappaient ni à la rougeole, à la scarlatine, à la varicelle, ni aux suppositoires de streptomycine à l'odeur nauséabonde, visqueux et tord-boyaux.

La crise de Suez

Au pouvoir en Égypte depuis 1952, Nasser souhaite édifier un barrage à Assouan en vue de développer l'agriculture du pays. Le 26 juillet 1956 il décide de nationaliser le canal de Suez, jusque-là aux mains d'un consortium franco-britannique qui en tirait de juteux bénéfices. « La pauvreté n'est pas une honte, mais c'est l'exploitation des peuples qui l'est », déclare-t-il.
Français et Anglais s'entendent alors avec Israël dont les navires sont interdits d'accès au canal de Suez, pour mener une action militaire visant à renverser Nasser et à récupérer le canal. Le 29 octobre, Israël envahit la bande de Gaza et le Sinaï, et atteint rapidement la zone concernée. Le Royaume-Uni et la France proposent d'intervenir et de séparer les belligérants. Comme les deux pays l'avaient prévu, Nasser rejette cette proposition, leur fournissant ainsi un prétexte pour reprendre le contrôle du canal et renverser le régime en place. La France et le Royaume-Uni commencent à bombarder l'Égypte.
L'URSS désapprouve ouvertement cette manœuvre, et menace les deux nations européennes de représailles nucléaires. Pour désamorcer la crise, les Américains refusent de soutenir l'Angleterre et la France, qui, piteusement, font marche arrière. En France, la crise de Suez a pour conséquence l'arrêt du ravitaillement en pétrole et la mise en place de bons d'essence jusqu'en juillet 1957. Au niveau international, elle constitue un événement-clé de la guerre froide, et donne lieu à une union controversée entre l'Union soviétique et les États-Unis.

Nasser au moment de la nationalisation du canal de Suez.

Départs en vacances...

Une troisième semaine de congés payés venait d'être attribuée aux salariés français, et les départs en vacances s'organisaient tambour battant. Au mois d'août, la fameuse Nationale 7 reliant Paris à la côte d'Azur connaissait ses traditionnels embouteillages, aussi interminables que folkloriques : voitures surchargées, fringants pompistes en salopette bleue des stations essence

Embouteillage sur la route des vacances.

surpeuplées, autostoppeurs en panne, familles pique-niquant en bord de route sur une petite nappe à carreaux rouges, escales culturelles à la cathédrale de Moulins. Et toujours aux lèvres, les paroles badines de Charles Trenet :

« Nationale Sept / Il faut la prendre qu'on aille à Rome à Sète / Que l'on soit deux trois quatre cinq six ou sept / C'est une route qui fait recette... »

Certains rejoignaient des cousins à Menton, d'autres avaient loué une villa les pieds dans l'eau à Fréjus ou emporté leur tente pour un mois de camping plus ou moins sauvage, d'autres encore s'offraient le luxe d'une semaine d'hôtel à Monte-Carlo. Mes parents, eux, préféraient la Bretagne à ces destinations touristiques pourtant attirantes. À Saint-Malo, dans un vieux hangar, quelques jeunes jouaient au flipper ou au baby-foot. On y filait parfois, en catimini, car jamais nos parents n'auraient toléré que nous perdions notre temps à ces jeux de mauvais garçons.

Les vacances d'été étaient également pour moi la période des camps scouts. Au bout d'un an de réunions hebdomadaires le jeudi après-midi, je

Pique-nique au bord de la route.

À la pêche aux moules.

rejoignais mes copains de « sizaine » pour une semaine sous la tente en pull bleu marine, béret et foulard retenu par un nœud en cuir. Dans nos sacs de couchage, on chuchotait et chahutait toute la nuit. On inventait mille roublardises pour éviter la corvée de vaisselle, ou on imaginait une nouvelle ânerie facétieuse allant du verre d'eau caché dans un lit aux boules puantes. On passait notre temps en jeux de piste et histoires drôles idiotes, sans oublier les cigarettes fumées discrètement dans les bois. En fonction de nos talents et affinités, on passait des brevets validés par des écussons cousus sur nos manches. J'avais remporté le brevet d'électricien en concevant pour la meute un tableau électrique représentant les signaux du sémaphore.

L'élégance masculine est de rigueur, même à la plage.

Avec un confident à quatre pattes, la vie n'est pas si chienne.

Trois générations et leurs vêtements d'époque : barboteuse, culottes courtes et cols Claudine, bretelles et pantalon droit, jupes mi-mollets…

… et loisirs d'été.

De retour à la maison, j'explorais les recoins du jardin en compagnie de notre chien, ou je rejoignais mes copains au club de tennis ou de hockey, parfois à la fête foraine pour faire un tour d'auto-tamponneuse et déguster quelques quartiers de noix de coco et morceaux de nougat.

Puisque nous avions la chance de vivre au bord de la mer, nous allions souvent au club de la plage, vers quatre heures – jamais avant car, disait-on, il fallait attendre la fin de la digestion. Chaque famille y avait une cabane en bois. Les dames, en maillot de bain une pièce, structuré et couvrant bien les hanches, se prêtaient volontiers à un petit jeu de salutations cérémonieuses

Réunion de famille à la campagne.

Il n'y a pas d'âge pour tirer la langue…

et de démonstrations mondaines. Sous leurs capelines élégantes, elles s'observaient du coin de l'œil et répandaient les derniers cancans.

Les plus jeunes, en slip de bain tricoté, prenaient leurs premières leçons de natation avec un professeur qui, sans égard pour leur inexpérience ni leur appréhension, les jetait à l'eau sans bouée. Après une bonne goulée d'eau de mer, il leur glissait enfin la main sous le menton en clamant d'un ton énergique : « Fais donc ta brasse, mon poulot ! »

Une fois acquis quelques rudiments sur la flottaison des corps, on formait une bande d'intrépides et l'on se jetait à la mer du haut du ponton en hurlant à gorge déployée pour se donner du courage : « Agaga bebop ! » Nous imitions ainsi le cri du chef indien lançant ses troupes à l'assaut, qui sévissait dans nos albums fétiches de Lucky Luke. On nageait jusqu'à l'épave d'un vieux bateau en ferraille, et plongeait en apnée pour attraper des étrilles dont, de retour à la maison, on suçait les pinces avec gourmandise.

À l'heure du goûter, on buvait un chocolat froid ou un Pschitt : « Pour toi cher ange, Pschitt orange, pour toi garçon, Pschitt citron », disait la réclame. On accourait au son de la petite musique du marchand de glace Ortiz qui longeait la plage avec son triporteur. Parfois, on suivait nos parents au salon de thé en bord de mer, pour s'y délecter de quelques palmiers croustillants ou de friands à la poudre d'amande.

Le cinéma nous ouvre les portes de mondes nouveaux

De temps en temps, le soir après le dîner, on se rendait au cinéma, généralement en famille. Nous réservions des places par téléphone, et à huit, l'addition montait rapidement. Un des cinémas de la ville possédait de très hauts plafonds dont on aimait s'approcher en s'asseyant au balcon. Tous les sièges

Foule au cinéma.

en bois étaient recouverts d'une fine moleskine usée : quand on l'abaissait, le siège produisait un petit grincement strident, et dès qu'on se relevait il claquait sèchement sur le dossier. En bout de rangée, des strapontins, moins confortables encore, offraient quelques places aux retardataires.

L'ouvreuse nous installait, le noir se faisait et la projection débutait : un premier court-métrage, les nouvelles du monde en trois minutes et avec un mois de retard, l'entracte animé par une dame qui portait en bandoulière un panier en osier rempli d'esquimaux et bonbons, puis le film principal. Régulièrement, la projection était interrompue par un problème technique ou parce que la pellicule était endommagée, et il fallait de longues minutes au projectionniste pour la recoller.

En 1956, *Le Monde du silence*, film réalisé par Jacques-Yves Cousteau et Louis Malle, sortit sur les écrans. Les images somptueuses et en couleurs des fonds marins nous fascinaient. Ce monde du silence fit beaucoup parler et remporta la récompense suprême, la Palme d'or au festival de Cannes.

Nous nous passionnions aussi pour quelques péplums, dont le point d'orgue fut la sortie de *Ben Hur* en 1959. Nous n'admirions pas tant leurs héros sublimes et un peu tape-à-l'œil que ce nouveau procédé de cinémascope qui offrait à nos yeux d'impressionnantes images panoramiques.

Jeunes garçons, nous riions un peu bêtement aux gags balourds de Darry Cowl dans *Le Triporteur*, à la naïveté de Fernandel dans la série des *Don Camillo*, ou à la truculence des répliques de Michel Audiard dans *Touchez pas au Grisbi*. En famille, nous allions voir *Le Salaire de la peur*, *À bout de souffle*, les films de Jacques Tati, *Les Tricheurs* de Marcel Carné, *Mélodie en sous-sol*, *Rocco et ses frères*, *Ascenseur pour l'échafaud*... Les beaux rôles de la Nouvelle Vague servaient avantageusement des vedettes comme

Jean-Paul Belmondo, Jean-Pierre Léaud et Jean-Claude Brialy. Aux premières fièvres de l'adolescence, nous n'avons pas manqué d'assister en cachette à quelques séances strictement proscrites par nos parents, et avons connu ainsi de doux émois en découvrant sur grand écran les courbes et les minauderies de Brigitte Bardot dans *Et Dieu… créa la femme*, ou les amours de Mylène Demongeot dans *Sois belle et tais-toi*.

Anna Karina et Godard.

La Nouvelle Vague

Dans les années cinquante, quelques réalisateurs comme Jean-Pierre Melville, Agnès Varda, Alexandre Astruc, Roger Vadim avec Et Dieu… créa la femme *ou Louis Malle avec* Ascenseur pour l'échafaud *annoncent les prémices d'un cinéma plus artisanal et innovant. Au festival de Cannes de 1959, l'accent est mis sur un petit groupe de critiques des* Cahiers du cinéma *devenus réalisateurs : François Truffaut, Claude Chabrol, Éric Rohmer, Jean-Luc Godard, Jacques Rivette, Alain Resnais… Reprenant une expression utilisée par Françoise Giroud en 1957 dans* L'Express *à propos des velléités de changement de la jeunesse, on qualifie leur mouvement cinématographique de « nouvelle vague ».*
Ensemble, ils bravent les réglementations très strictes protégeant les métiers du cinéma et revendiquent une nouvelle forme d'écriture cinématographique tant sur le plan de la technique que des sujets traités. Caméra 16 mm, prises de son synchrones, tournage en extérieur et entorses aux lois de la narration imposent une esthétique plus proche du réel. La Nouvelle Vague devient le miroir de l'époque, abordant les évolutions de la société, de la jeunesse, du modèle familial. Le Beau Serge, Les Cousins, Hiroshima mon amour, Les Quatre Cents Coups *puis* À bout de souffle, *font preuve d'une vitalité qui renouvelle le cinéma. Ils recevront un grand succès auprès du public et des critiques.*
Dans ces films, les acteurs – Jean-Paul Belmondo, Brigitte Bardot, Anna Karina, Jean-Claude Brialy, Bernadette Lafont, Jean-Pierre Léaud, Jeanne Moreau, André Dussollier… incarnent cette modernité et séduisent la jeunesse.

Le duffle-coat est à la mode, tout comme la 203.

Voitures d'époque

Après la guerre, à cause de la pénurie d'acier, il fut longtemps difficile d'obtenir une voiture neuve. Une fois commandée, il fallait parfois l'attendre une année entière. Les voitures d'occasion, disponibles immédiatement, se vendaient paradoxalement plus cher.

Renault, Citroën, Peugeot, Simca, Panhard… Ces grands noms de l'industrie automobile forgèrent leur renommée au fur et à mesure des « Trente Glorieuses », au point de devenir la fierté de l'industrie française. La Renault 4CV, avec son moteur à l'arrière, équipa la France juste après la Libération. La 2CV Citroën séduisait les foules avec son petit prix. L'Aronde de Simca aguichait le consommateur grâce à une panoplie de carrosseries colorées.

Ma mère avait passé son permis au début des années trente, mais resta de nombreuses années sans prendre le volant. La conduite du véhicule était généralement l'apanage du chef de famille. Certains avaient passé leur permis mais ne s'offraient le plaisir de conduire qu'occasionnellement le week-end, se faisant alors allègrement traiter de « chauffards du dimanche » pour leur manque d'expérience.

À la maison, nous avions une énorme 15CV que mon père était tout spécialement allé chercher à l'usine Citroën à Paris. Cette voiture n'avait pas de vitres électriques comme les voitures américaines, ni de feux clignotants, mais des flèches lumineuses qui émergeaient de la carrosserie. On avait alors coutume de « sortir sa flèche » pour indiquer la direction vers laquelle on voulait tourner. La 15CV avait en revanche une puissance et une sonorité uniques – un rêve pour l'époque !

Jeunes garçons, nous admirions ces belles mécaniques et nous laissions volontiers épater par les exploits de Fangio sur les circuits. Mais durant cette période, les véhicules étaient encore moins fiables que ceux qui les conduisaient, et les accidents plus rares que les pannes. Il n'était pas inhabituel de croiser sur le bas-côté quelque automobiliste en difficulté.

Au milieu des années cinquante, l'augmentation du pouvoir d'achat, la généralisation de la consommation de masse, le désir de mobilité et d'évasion permirent le lancement de quelques modèles mythiques : la Peugeot 403, la Renault Dauphine ou la Citroën DS.

Ces années-là, nous vîmes également apparaître des routes plus modernes, un nouveau permis de conduire, la vignette et l'assurance auto. Les femmes au volant n'étaient plus un spécimen rare et ma mère entreprit de s'y remettre. La voiture, comme l'électroménager, leur offrait un peu plus d'indépendance. Petits gabarits assis sur des sièges trop bas, elles manœuvraient des voitures souvent lourdes et hoquetantes. La conduite aventureuse des « bonnes femmes » remplaça alors celle des « chauffards du dimanche ».

Mon père, de son côté, attendait impatiemment le nouveau bijou annoncé avec fracas par Citroën. La DS fut présentée au public au Salon de l'automobile en octobre 1956 : ligne futuriste, boîte de vitesse hydraulique, freins à disques et direction assistée... Ce fut un choc, une avalanche de nouveautés techniques, un succès sans précédent. Sa suspension révolutionnaire, permettant de régler la hauteur de la voiture pour une meilleure tenue de route, donnait une drôle de sensation de tangage assez écœurante et controversée. La DS devint une icône, en même temps que la voiture présidentielle du général de Gaulle.

Le panache de la Renault Dauphine.

1960-1963

Entrez dans la danse

Enfin en pantalon !

Les attributs de la jeunesse

Mon année de troisième terminée et mon BEPC en poche, on m'envoya avec quelques camarades de chambrée expérimenter les brumes estivales de l'autre côté de la Manche. Anglais balbutiant, familles d'accueil un peu bégueules, le début des vacances eut d'abord pour nous un arrière-goût de sanction. Mais on trouva nos marques assez rapidement, et l'on prit l'habitude

Chronologie

1er janvier 1960
Le nouveau franc entre en vigueur : on divise les prix par cent.

13 février 1960
La première bombe atomique française explose dans le Sahara algérien.

11 mai 1960
Le paquebot *France* est mis à flot à Saint-Nazaire.

8 janvier 1961
Lors d'un référendum, l'autodétermination de l'Algérie est approuvée par 75,25 % des suffrages exprimés en métropole et 69,09 % en Algérie.

20 mai 1961
Ouverture des pourparlers de paix à Évian entre le gouvernement français et le gouvernement provisoire de la République algérienne.

31 mai-2 juin 1961
Visite en France du président Kennedy et de son épouse Jackie.

12-13 août 1961
Le mur de Berlin est érigé.

8 février 1962
À Paris, une manifestation contre l'OAS organisée par les syndicats et plusieurs partis de gauche, est violemment réprimée par la police : 8 personnes meurent écrasées à la station de métro Charonne.

Mars 1962
La conférence d'Évian aboutit à un cessez-le-feu en Algérie et signe la fin de la guerre.

1er juillet 1962
Parution du premier numéro du magazine *Salut les copains !*

22 août 1962
Attentat manqué de l'OAS au rond-point du Petit-Clamart contre le général de Gaulle.

28 octobre 1962
Référendum sur l'élection du président de la République au suffrage universel : 62 % de « oui ».

28 août 1963
À Washington, Martin Luther King prononce son fameux discours contre la ségrégation raciale, « I have a dream ».

22 novembre 1963
Le président John F. Kennedy est assassiné à Dallas.

de se retrouver en milieu d'après-midi dans les sous-sols d'un café pour danser au son du juke-box et boire des « orange squash » bon marché, brassés dans un grand bac transparent posé sur le bar. On y rencontrait de charmantes Suédoises, Allemandes, ou Hollandaises, qui nous ouvraient de délicieux horizons.

L'année suivante, on renouvela l'expérience avec un peu plus d'assurance : on décrochait un premier petit boulot comme serveur dans un pub, achetait des Gauloises à l'unité à notre accompagnateur – pas vraiment à cheval sur la discipline –, échangeait ces cigarettes contre un disque rare ou un pantalon à pattes d'eph' et une veste cintrée plutôt « bath ». On profitait mieux encore des charmes nordiques... La pilule n'existait pas et, *coïtus interruptus* ou préservatif, c'était aux garçons de prendre leurs précautions.

Aux vacances de Noël, je reçus une pétrolette jaune en guise de récompense pour mes bons résultats au lycée. Inutile désormais d'emprunter le solex de mon frère. Certes, elle ne valait pas la vraie mobylette MBK bleue ; mais qu'importent la couleur et le froid glacial, pourvu que j'aie l'ivresse de la liberté. On usait de nos cyclomoteurs sans parcimonie ni discernement. Par tous les temps, sans casque, les genoux recroquevillés sous le menton, on zigzaguait et jouait à tamponner le pare-chocs des copains avec, à la clé, des soleils cul par-dessus tête, de mauvaises écorchures au visage et quelques récits de combattant pour l'esbroufe.

Johnny Hallyday en moto et blouson de cuir.

Coiffé façon Elvis Presley.

On portait des chandails en laine, des manteaux droits ou des cabans marine, des pantalons de velours ou de coton, pas même un jean… On ne peut pas dire que la mode « mauvais garçon » ait vraiment contaminé la totalité de la jeunesse. Chez nous, James Dean, Elvis Presley, Marlon Brando et Gene Vincent, voyous révoltés en blouson noir, étaient plutôt l'archétype du mauvais goût et de la vulgarité infréquentable. On essayait pourtant tous d'imiter quelques poses ou coupes de cheveux sulfureuses pour se donner l'air ténébreux.

Salut les Copains !

Créée en 1959 par Franck Ténot et Daniel Filipacchi, cette émission de variétés diffusée sur Europe 1 incarne tout l'esprit de la jeunesse des années soixante. Sur un concept original, l'émission ne se contente pas de diffuser les chansons, mais fait aussi la part belle à la vie des chanteurs, entretenant ainsi le lien entre fans et idoles des yéyés. À 17 heures, aux premières notes du générique des Markeys (« Last Night »), c'est toute une génération qui se retrouve devant le poste. Mis en vedette par les séquences « Chouchou » ou « Gros plan », Johnny Hallyday, Sylvie Vartan, Jacques Dutronc, Françoise Hardy et Sheila doivent une part de leur succès à ce programme. Les nombreuses traductions françaises plus ou moins hasardeuses des succès américains alimentent régulièrement la rubrique « Coup de chapeau », qui diffuse plusieurs versions d'une même chanson. Parallèlement, le magazine Salut les Copains *est lancé en 1962, publiant des interviews de chanteurs, des reportages sur leur vie privée, des posters à afficher dans sa chambre, des photos de Jean-Marie Périer... Les ventes du magazine atteignent le million d'exemplaires. Mais c'est en juin 1963, place de la Nation à Paris, à l'occasion d'un grand concert avec les artistes de l'émission, que l'on peut véritablement mesurer le phénomène qu'est devenue cette émission pour la jeunesse.*

Pierre Sabbagh et Catherine Langeais devant l'écran.

Télévision et radio

Bien que l'on commençât à voir apparaître avec curiosité quelques postes de télévision dans les foyers français, Papa s'opposait formellement à faire atterrir cet engin dans notre salon, de peur qu'il nous détournât de nos chères études. La seule occasion que nous avions de regarder la télévision était chez ma tante : on s'y rassemblait devant un énorme poste à lampes, qui diffusait une image de qualité médiocre et dont il fallait sans cesse ajuster les réglages. Le journal télévisé présenté par Claude Darget ou Pierre Sabbagh – qui fumait la pipe en direct –, le sourire avenant des speakerines,

Visite de John F. Kennedy à Paris en 1961.

le « Discorama » de Denise Glaser, l'émission « Cinq colonnes à la une », étaient alors les piliers de la RTF. Pannes d'émetteur obligent, les programmes étaient souvent interrompus par un « interlude », un petit train avec un rébus défilant sur l'écran.

Le média privilégié des Français restait la radio. Notre poste bourdonnant nous donnait les principales nouvelles de ces années-là : l'élection du général de Gaulle à la présidence de la République, l'étrange attentat de l'avenue de l'Observatoire contre François Mitterrand, les premiers essais nucléaires, l'élection puis l'assassinat retentissant du jeune et charismatique John F. Kennedy... Les mères, effarées par les annonces d'attentats et de torture en Algérie, tremblaient pour leurs fils en âge de faire leur service militaire.

Les informations y étaient ponctuées de spots publicitaires, des réclames au ton léger pour le shampoing Dop, Dop, Dop, le savon Cadum, la blancheur Persil, le dentifrice Émail diamant « pour un sourire éclatant », la gomina Pento, le chocolat « Eleska, c'est exquis », Vichy Célestins « l'eau qui fait du bien », la brillantine Roja ou les petites pilules Carter pour le foie.

À la radio, on écoutait aussi le « Jeu des cent mille francs » – devenu le « Jeu des mille francs » quand on passa au nouveau franc – avec sa conclusion rituelle « À demain si vous le voulez bien » ; et la minute de Saint-Granier, une courte chronique philosophico-moraliste débutant toujours par le même « Bonsoir mes chers auditeurs, bonsoir ». Sur Radio Luxembourg, beaucoup se délectaient des aventures de la famille Duraton, toujours en verve sur l'actualité du jour. D'autres préféraient la fantaisie effrontée de Pierre Dac et Francis Blanche dans leur feuilleton « Signé Furax ».

Albert Ducrocq, présentateur de la météo, était toujours accompagné de sa fidèle grenouille qui montait ou descendait le long d'une échelle en fonction du temps qu'il allait faire. Il avait bâti sa célébrité tant sur sa voix cassée et sa manière très particulière de rouler les « R », que sur ses prévisions fantasques livrées plus de deux mois à l'avance.

Personnellement, je ne m'intéressais pas tant au contenu qu'au contenant. Des postes à lampes aux transistors, je me passionnais pour cette évolution technique. J'avais bidouillé et réparé un vieux poste de mon grand-père : mes parents, stupéfiés, m'autorisèrent à le prendre et à l'écouter de temps en temps. Les feuilletons à suspense racontés par Pierre Bellemare, avec son phrasé inimitable, avaient ma préférence. On prêtait aussi volontiers l'oreille aux retransmissions des grandes rencontres sportives – je me souviens avoir pleuré de joie, l'oreille collée à ma radio, lorsque Le Havre remporta la coupe de France de football en 1959, face à Sochaux.

De gauche à droite, un poste à lampes Radio Star modèle Starlet 34, un transistor Pizon Bros Translitor 550, et le top des transistors pour l'époque, un Hitachi. Attaché à la courroie de transport, un petit sac en cuir contenant le mini écouteur pour une écoute discrète.

Presse écrite

Malgré la diversification des médias, la presse écrite tenait encore une place de choix dans notre foyer. Créé juste après la guerre, *Le Monde* avait déjà acquis sa notoriété et sa position de quotidien de référence. Nous étions également abonnés à *Réalités* et à *Arts et Lettres*, où j'aimais lire les chroniques cinématographiques de Jean-Louis Bory. Dans *Paris Match*, on lisait les bonheurs et les désespoirs de Baudouin et Fabiola, qui n'eurent jamais d'enfant.

Une femme lit *Marie Claire.*

Les dames lisaient régulièrement des conseils de décoration, de cuisine ou de mode dans *Marie-Claire* ou *Modes et Travaux*. Nous nous plongions plus volontiers dans *Spirou* ou *Le Journal de Mickey*. Mais LE journal de la maison était assurément le journal local, acheté quotidiennement. Ma mère parcourait le carnet du jour, mon père s'attardait sur la rubrique économique – et semblait toujours totalement absorbé par sa lecture quand on lui demandait un peu d'argent de poche.

Rock and Roll, boogies et yéyés

Puisque nous étions interdits de télévision et qu'il n'existait de toute façon que deux chaînes, c'est vers la radio et la musique que nous nous tournions. À quinze ans, on commençait à organiser des « surpats », « surboums » ou « surprise-parties », toujours pendant les vacances et jamais au-delà de… 19 heures. Plus tard, il y eut quelques soirées officielles avec carton d'invitation et tenue de soirée, très rarement un orchestre. Certaines de ces soirées se terminaient très tard, parfois à la messe du dimanche matin avec encore des fourmis dans les jambes, des chatouillements dans les hanches et, dans la tête, les rythmes endiablés de « What'd I said » de Ray Charles ou du « Guitar boogie » d'Arthur Smith.

Ray Charles et son groupe The Raelets.

Au salon, un piano à queue trop élégant pour nos boogies endiablés !

On se retrouvait chez ceux qui avaient les parents les plus permissifs. On amenait chacun une pile de 45 tours dont l'étiquette centrale mentionnait notre nom, grésillant et rayés à force d'avoir été transportés, écoutés en boucle, secoués par les pas des danseurs et empilés à la va-vite. Avec deux Teppaz pour mieux enchaîner les hits, on guinchait sur quelques rocks frénétiques : « Rock Around the Clock » de Bill Haley, « Dynamite » de Brenda Lee, « When » des Kalin Twins, « Singing the Blues » de Tommy Steel, les Shadows avec leur célèbre « Apache », Gene Vincent et « Be Bop a Lula », Little Richard et « Tutti Frutti ». On chaloupait sur « Living Doll » de Cliff Richard, on se dandinait sur « Personality » par Lloyd Price, on se contorsionnait sur « Let's Twist Again » de Chubby Checker, on se trémoussait sur Fats Domino ou « Diana » de Paul Anka… On invitait les filles à danser sur « You Are my Destiny » du même Paul Anka, on se rapprochait sur « Only You » des Platters, et on les embrassait en entendant siffler le train de Richard Anthony. Pour achever de les impressionner, on s'essayait à quelques boogies sur le piano à queue du salon et on s'usait en vain les doigts sur « Caravan » d'Erroll Garner.

Jeunes filles à l'internat.

En pension, on ne manquait pas de se tenir au courant. Faute d'argent, nous n'avions pas d'électrophone à disposition, du moins jusqu'à ce que j'en achète un en pièces détachées et que je réussisse à l'assembler – ce qui me valut d'être porté en triomphe par mes camarades.

Nous étions quelques-uns à cacher sous nos draps des petits postes de radio que l'on réparait, écoutait, revendait. Depuis 1955, la jeunesse s'était mise à considérer Paris Inter et Radio Luxembourg comme des « radios à papa ». Europe 1 avait déboulé sur les ondes avec un ton résolument plus audacieux. À 22 heures tapantes, on écoutait en cachette « Pour ceux qui aiment le jazz » de Franck Ténot et Daniel Filippachi, dont le générique (« Blues March » des Jazz Messengers) était devenu pour nous un hymne. On y réentendait les grands standards – le piano d'Oscar Peterson ou « Mack the Knife » par Ella Fitzgerald – et on découvrait quelques bons morceaux jazzy, plus « variétisés » et dansants.

Sur des magnétophones à bandes, on compilait des morceaux par thème. L'exercice demandait de la patience et de la précision : il fallait écouter le morceau en totalité, démarrer, puis arrêter le magnéto au bon moment. Et enfin redémarrer le suivant de manière à ce que la coupure entre les deux soit la plus brève possible.

Les Platters en concert.

Dès que possible, une fois les cours terminés, on filait écouter « Salut les Copains » sans réaliser encore le phénomène de société que deviendraient cette l'émission et la musique yéyé dont elle supportait les chanteurs. On y entendait des interprètes anglo-saxons, et assistait au succès inouï des Beatles entonnant « She loves you... yeah, yeah, yeah ». On y découvrait les premiers pas du rock français, incarné par Johnny Hallyday, Les Chaussettes noires, Les Chats sauvages, Frank Alamo... Les filles préféraient les voix douces et les visages angéliques de Sylvie Vartan, Adamo ou Françoise Hardy. On y apprenait que l'ardeur des fans avait eu raison des sièges de l'Olympia pendant les concerts de Gilbert Bécaud, « Monsieur 100 000 volts ». Rien de comparable en province ! Pour ma part, j'avais assisté à un concert des Platters escorté par ma sœur aînée et, plus tard, insisté pour emmener ma mère écouter Georges Cziffra au piano dans une magistrale démonstration de musique classique.

L'école est finie…

Pris en flagrant délit de lecture dépravée par les curés – *L'Amant de Lady Chatterley* contribuait alors largement à notre éducation sexuelle –, je fus renvoyé et changé d'établissement. Je fus ensuite dénoncé comme instigateur d'un chahut général au cours duquel, une nuit, les quatre-vingt élèves de notre pavillon s'étaient barricadés, fumant, tapant des pieds et vociférant quelques subtiles avanies aux surveillants telles que « Aux chiottes les pions ! » Cette fois, on m'envoya dans un lycée mixte. Douce punition !

Les couettes à la Sheila et les robes vichy façon Bardot allégeaient alors gracieusement notre quotidien.

Robe Vichy.

Pour couronner les années de lycée, nous devions alors passer non pas un mais deux bacs : l'un en première, l'autre en terminale. Problèmes de trigonométrie, sujet d'histoire sur le New Deal, dissertation de français sur les romans policiers de la « Série noire », une lettre de Sénèque à Lucilius sur les bienfaits du stoïcisme en version latine… On s'y risquait avec plus ou moins de succès.

Après deux années en première, j'envoyai un télégramme à mes parents absents de la maison pour leur annoncer ma réussite. À leur retour, je reçus des cadeaux, mais pas celui que j'espérais tant : le permis de conduire. Pour ce cadeau-là, il faudrait passer le bac, le vrai. Je mangeais mon chapeau et enviais ceux qui avaient permis et voiture. L'année suivante, c'en était fini de la Math Élem et du lycée. On fêta les résultats du bac en brûlant nos Gaffiot. J'allais dans la foulée m'inscrire à mon premier cours de conduite. Affranchis de l'enfance, nous avions carte blanche pour nous lancer dans la vie d'étudiant.

La joie des livres de maths.

La guerre d'Algérie

Depuis les années trente, un million de pieds-noirs vivent en Algérie, partie intégrante du territoire national français. À partir de 1954, le Front de libération nationale (FLN) décide de recourir au combat armé pour acquérir l'indépendance de l'Algérie. En 1956, Guy Mollet, président du conseil, sous la pression des Européens d'Alger, pose comme priorité une victoire militaire sur le FLN. 400 000 hommes du contingent sont déployés pour assurer la sécurité et lutter contre le terrorisme. Contrôles, arrestations, torture, sont utilisés pour démanteler le FLN. En 1957, la bataille d'Alger affaiblit les rangs du FLN sans toutefois rétablir l'ordre.

Le 13 mai 1958, un groupe d'insurgés se lance à l'assaut du siège du gouvernement général. Suite au putsch d'Alger, la rumeur d'un putsch à Paris se répand. René Coty, président de la République, délègue ses pouvoirs au général de Gaulle qui annonce la création d'un Gouvernement de salut public et élabore une nouvelle Constitution. Le 4 juin, à Alger, il lance son célèbre « Je vous ai compris ! » En septembre 1958, de Gaulle propose en vain au FLN une reddition honorable, la « paix des braves ». Puis, soumis au désaveu de l'ONU qui proclame le droit des peuples à disposer d'eux-mêmes, et à l'opinion publique française lassée par les dénonciations de torture, et le coût humain et financier du conflit, le général prépare progressivement les esprits à l'indépendance de l'Algérie. En mars 1962, les accords d'Évian mettent fin au conflit, qui aura fait 25 000 morts du côté français et plusieurs centaines de milliers du côté algérien.